Erstveröffentlichung 1812
in den »Kinder- und Hausmärchen
der Brüder Grimm«.
In heutiger Rechtschreibung.

Ausstattung und Typographie: Rita Marshall
Satz: Partner Satz Karl Kirchgaesser, Köln
Filme: Photolitho AG, Zürich-Gossau
Druck und Verarbeitung: Imprimeries Réunies S.A., Lausanne
Printed in Switzerland

ISBN 3 7876 9183 9

DIE GÄNSEMAGD

Jakob und Wilhelm Grimm

illustriert von
Paul Perret

Gertraud Middelhauve Verlag

Kaum hat die verwöhnte Prinzessin ihre Mutter und das schützende Schloß verlassen, da zeigt sich: Der rabiaten Kammerjungfer ist sie hoffnungslos unterlegen. Sie verliert ihr Pferd Falada, ihre schönen Kleider und wird zur Dienerin erniedrigt. Die Zofe zieht zu dem jungen König ins Schloß, die Prinzessin muß auf der Wiese Gänse hüten.

Anmaßung und Herzlosigkeit triumphieren. Falada wird geköpft, und der junge wie der alte König tanzen nach der Pfeife der falschen Braut. Ist das der Gang der Welt? Nicht unbedingt!

Wer sich gegen böse Kammermädchen nicht wehren kann, ist noch lange nicht verloren. Das zeigt dieses Märchen. Seine Heldin setzt sich allerdings mit ganz anderen Mitteln durch: Sie kämmt ihr goldenes Haar. Das hätte sie im stillen Kämmerlein tun können, sie tut's aber auf der Wiese. Damit reizt sie den Hirtenbuben. Der möchte ihr ein paar Haare ausraufen. Das aber gelingt ihm nicht. Statt dessen muß er wie dumm hinter seinem Hütchen herlaufen – immer wieder. Die Heldin will es, und es geschieht.

Es geschieht noch mehr, was der Gänsemagd nützt. Ihre goldenen Haare und ein bißchen weiblicher Zauber helfen ihr weiter. Aber allein damit kann sie ihr Schicksal nicht wenden. Also gebraucht sie auch ihren Verstand: Sie klagt dem Kachelofen ihr Leid und weiß genau, daß der alte König lauscht. Für ihn jammert und weint sie, für ihn erzählt sie ihre ganze Geschichte. Es wundert sie nicht, daß man ihr nun sofort ihre königlichen Kleider anlegt. Sie hat genau gewußt, was sie tat und wie es wirkte.

Unwissend bleiben in dieser Geschichte nur die Männer. Sie lassen die böse Kammerfrau hinrichten und meinen, damit seien sie die weibliche Bosheit und Herrschsucht los. Der junge König heiratet die ach so sanfte und hilflose Prinzessin und glaubt, sie sei wirklich so. Er irrt. Nur im Märchen werden manchmal so schöne, sanfte und liebe Mädchen und so böse und skrupellose als zwei Personen dargestellt. Tatsächlich gehören sie zusammen. Also hat der arglose König die Kammerjungfer mitgeheiratet.

Carl-Heinz Mallet

Es war einmal

Es lebte einmal eine alte Königin, der war ihr Gemahl schon lange Jahre gestorben, und die hatte eine schöne Tochter. Wie die erwuchs, wurde sie weit über Feld an einen Königssohn versprochen. Als nun die Zeit kam, wo sie vermählt werden sollten und das Kind in das fremde Reich abreisen mußte, packte ihr die Alte gar viel köstliches Gerät und Geschmeide ein: Gold und Silber, Becher und Kleinode, kurz alles, was zu einem königlichen Brautschatz gehörte. Denn sie hatte ihr Kind von Herzen lieb. Auch gab sie ihr eine Kammerjungfer bei, welche mitreiten und die Braut in die Hände des Bräutigams überliefern sollte. Und jede bekam ein Pferd zur Reise, aber das Pferd der Königstochter hieß Falada und konnte sprechen.

Wie nun die Abschiedsstunde da war, begab sich die alte Mutter in ihre Schlafkammer, nahm ein Messerlein und schnitt damit in ihre Finger, daß sie bluteten. Darauf hielt sie ein weißes Läppchen unter und ließ drei Tropfen Blut hineinfallen, gab sie der Tochter und sprach: »Liebes Kind, verwahr sie wohl, sie werden dir unterwegs not tun.«

Also nahmen beide von einander betrübten Abschied. Das Läppchen steckte die Königstochter in ihren Busen vor sich, setzte sich aufs Pferd und zog nun fort zu ihrem Bräutigam.

Da sie eine Stunde geritten waren, empfand sie heißen Durst und rief ihrer Kammerjungfer:

»Steig ab und schöpfe mir mit meinem Becher, den du aufzuheben hast, Wasser aus dem Bach. Ich möchte gern einmal trinken.«

»Ei, wenn Ihr Durst habt«, sprach die Kammerjungfer, »so steigt selber ab, legt Euch ans Wasser und trinkt. Ich mag Eure Magd nicht sein!«

Da stieg die Königstochter vor großem Durst herunter, neigte sich über das Wässerlein im Bach und trank und durfte nicht aus dem goldnen Becher trinken.

Da sprach sie: »Ach Gott!«

Da antworteten die drei Blutstropfen: »Wenn das deine Mutter wüßte, das Herz im Leibe tät ihr zerspringen.«

Aber die Königsbraut war gar demütig, sagte nichts und stieg wieder zu Pferd.

So ritten sie etliche Meilen weiter fort, und der Tag war warm, daß die Sonne stach. Und sie durstete bald von neuem.

Da sie nun an einen Wasserfluß kamen, rief sie noch einmal ihrer Kammerjungfer: »Steig ab und gib mir aus meinem Goldbecher zu trinken!«

Denn sie hatte alle bösen Worte längst vergessen.

Die Kammerjungfer sprach aber noch hochmütiger: »Wollt Ihr trinken, so trinkt allein. Ich mag nicht Eure Magd sein.«

Da stieg die Königstochter hernieder vor großem Durst und legte sich über das fließende Wasser, weinte und sprach: »Ach Gott!«

Und die Blutstropfen antworteten wiederum: »Wenn das deine Mutter wüßte, das Herz im Leibe tät ihr zerspringen.«

Und wie sie so trank und sich recht überlehnte, fiel ihr das Läppchen, worin die drei Tropfen waren, aus dem Busen und floß mit dem Wasser fort, ohne daß sie es in ihrer großen Angst merkte.

Die Kammerfrau hatte aber zugesehen und freute sich, daß sie Macht über die Braut bekäme. Denn damit, daß diese die Blutstropfen verloren hatte, war sie schwach geworden.

Als sie nun wieder auf ihr Pferd steigen wollte, das da hieß Falada, sagte die Kammerfrau: »Auf Falada gehör' ich, und auf meinen Gaul gehörst du.«

Und das mußte sie sich gefallen lassen. Außerdem hieß die Kammerfrau sie auch die königlichen Kleider ausziehen und ihre schlechten anlegen. Und endlich mußte sie sich unter freiem Himmel verschwören, daß sie am königlichen Hof keinem Menschen davon sprechen wollte. Und wenn sie diesen Eid nicht abgelegt hätte, wäre sie auf der Stelle umgebracht worden. Aber Falada sah das alles an und nahm's wohl in acht.

Die Kammerfrau stieg nun auf Falada und die wahre Braut auf das schlechte Roß, und so zogen sie weiter, bis sie endlich in dem königlichen Schloß eintrafen. Da war große Freude über ihre Ankunft, und der Königssohn sprang ihnen entgegen, hob die Kammerfrau vom Pferde und meinte, sie wäre seine Gemahlin, und sie wurde die Treppe hinaufgeführt. Die wahre Königstochter aber mußte unten stehenbleiben.

Da schaute der alte König am Fenster und sah sie im Hofe halten. Nun war sie fein und zart und sehr schön. Er ging hin ins königliche Gemach und fragte die Braut nach der, die sie bei sich hätte und die da unten im Hofe stände, und wer sie wäre.

»Ei, die hab' ich mir unterwegs mitgenommen zur Gesellschaft. Gebt der Magd was zu arbeiten, daß sie nicht müßigsteht.«

Aber der alte König hatte keine Arbeit für sie und wußte nichts, als daß er sagte: »Da hab' ich so einen kleinen Jungen, der hütet die Gänse. Dem mag sie helfen!«

Der Junge hieß Kürdchen (Konrädchen). Dem mußte die wahre Braut helfen, Gänse hüten.

Bald aber sprach die falsche Braut zu dem jungen König:

»Liebster Gemahl, ich bitte Euch, tut mir einen Gefallen!«

Er antwortete: »Das will ich gerne tun.«

»Nun, so laßt mir den Schinder rufen und da dem Pferd, worauf ich hergeritten bin, den Hals abhauen, weil es mich unterwegs geärgert hat.«

Eigentlich aber fürchtete sie sich, daß das Pferd sprechen möchte, wie sie mit der Königstochter umgegangen wäre.

Nun war das so weit geraten, daß es geschehen und der treue Falada sterben sollte. Da kam es auch der rechten Königstochter zu Ohr, und sie versprach dem Schinder heimlich ein Stück Geld, das sie ihm bezahlen wollte, wenn er ihr einen kleinen Dienst erwiese.

In der Stadt war ein großes, finsteres Tor, wo sie abends und morgens mit den Gänsen durch mußte. Unter das finstere Tor möchte er dem Falada seinen Kopf hinnageln, daß sie ihn doch noch mehr als einmal sehen könnte. Also versprach das der Schindersknecht zu tun, hieb den Kopf ab und nagelte ihn unter das finstere Tor fest.

Des Morgens früh, als sie und Kürdchen unterm Tor hinaustrieben, sprach sie im Vorbeigehen:

»O du Falada, da du hangest.«

Da antwortete der Kopf:

»O du Jungfer Königin,
da du gangest.
Wenn das deine Mutter wüßte,
ihr Herz tät ihr zerspringen!«

Da zog sie still weiter zur Stadt hinaus, und sie trieben die Gänse aufs Feld. Und wenn sie auf der Wiese angekommen war, saß sie hier und machte ihre Haare auf, die waren eitel Silber. Und Kürdchen sah sie und freute sich, wie sie glänzten, und wollte ihr ein paar ausraufen. Da sprach sie:

»Weh, weh Windchen,
nimm Kürdchen sein Hütchen,
und laß'n sich mit jagen,
bis ich mich geflochten
und geschnatzt
und wieder aufgesatzt.«

Und da kam ein so starker Wind, daß er dem Kürdchen sein Hütchen wegwehte über alle Land, daß es ihm nachlief. Und bis es wiederkam, war sie mit dem Kämmen und Aufsetzen fertig, und er konnte keine Haare kriegen.

Da war Kürdchen bös und sprach nicht mit ihr. Und so hüteten sie die Gänse, bis daß es Abend wurde. Dann gingen sie nach Haus.

Den anderen Morgen, wie sie unter dem finstern Tor hinaustrieben, sprach die Jungfrau:

»O du Falada, da du hangest.«

Es antwortete:

»O du Jungfer Königin,
da du gangest.
Wenn das deine Mutter wüßte,
das Herz tät ihr zerspringen!«

Und in dem Feld setzte sie sich wieder auf die Wiese und fing an, ihr Haar auszukämmen. Und Kürdchen lief und wollte darnach greifen. Da sprach sie schnell:

»Weh, weh Windchen,
nimm dem Kürdchen
sein Hütchen,
und laß'n sich mit jagen,
bis ich mich geflochten
und geschnatzt
und wieder aufgesatzt.«

Da wehte der Wind und wehte ihm das Hütchen vom Kopf weit weg, daß Kürdchen nachzulaufen hatte. Und als es wiederkam, hatte sie längst ihr Haar zurecht, und es konnte keins davon erwischen. Und sie hüteten die Gänse, bis es Abend wurde.

Abends aber, nachdem sie heimgekommen waren, ging Kürdchen vor den alten König und sagte: »Mit dem Mädchen will ich nicht länger Gänse hüten.«

»Warum denn?« sprach der alte König.

»Ei, das ärgert mich den ganzen Tag.«

Da befahl ihm der alte König zu erzählen, wie's ihm denn mit ihr ginge.

Da sagte Kürdchen: »Des morgens, wenn wir unter dem finstern Tor mit der Herde durchkommen, so ist da ein Gaulskopf an der Wand, zu dem redet sie:

›Falada, da du hangest.‹

Da antwortet der Kopf:

›O du Königsjungfer,
da du gangest.
Wenn das deine Mutter wüßte,
das Herz tät ihr zerspringen!‹«

Und so erzählte Kürdchen weiter, was auf der Ganswiese geschehe und wie es da dem Hut im Wind nachlaufen müßte.

Der alte König befahl ihm aber, den nächsten Tag wieder hinauszutreiben. Und er selbst, wie es Morgen war, setzte sich hinter das finstere Tor und hörte da, wie sie mit dem Haupt des Falada sprach. Und dann ging er ihr auch nach in das Feld und barg sich in einem Busch auf der Wiese. Da sah er nun bald mit seinen eigenen Augen, wie die Gänsemagd und der Gänsejunge die Herde getrieben brachten und wie nach einer Weile sie sich setzte und ihre Haare losflocht, die strahlten von Glanz. Gleich sprach sie wieder:

»Weh, weh Windchen,
faß Kürdchen sein Hütchen,
und laß'n sich mit jagen,
bis daß ich mich geflochten
und geschnatzt,
und wieder aufgesatzt.«

Da kam ein Windstoß und fuhr mit Kürdchens Hut weg, daß es weit zu laufen hatte. Und die Magd kämmte und flocht ihre Locken still fort, welches der alte König alles beobachtete. Darauf ging er unbemerkt zurück.

Und als abends die Gänsemagd heimkam, rief er sie beiseite und fragte, warum sie das alles so täte.

»Das darf ich Euch und keinem Menschen sagen. Denn so hab' ich mich unter freiem Himmel verschworen, weil ich sonst um mein Leben gekommen wäre.«

Er aber drang in sie und ließ ihr keinen Frieden.

»Willst du mir's nicht erzählen«, sagte der alte König endlich, »so darfst du's doch dem Kachelofen erzählen.«

»Ja, das will ich wohl«, antwortete sie.

Damit mußte sie in den Ofen kriechen und schüttete ihr ganzes Herz aus, wie es ihr bis dahin ergangen und wie sie von der bösen Kammerjungfer betrogen worden war.

Aber der Ofen hatte oben ein Loch, da lauerte ihr der alte König zu und vernahm ihr Schicksal Wort für Wort.

Da war's gut. Königskleider wurden ihr alsbald angetan, und es schien ein Wunder, wie sie so schön war. Der alte König rief seinen Sohn und offenbarte ihm, daß er die falsche Braut hätte. Die wäre ein bloßes Kammermädchen. Die wahre aber stände hier als die gewesene Gänsemagd. Der junge König aber war herzensfroh, als er ihre Schönheit und Tugend erblickte. Und ein großes Mahl wurde angestellt, zu dem alle Leute und guten Freunde gebeten wurden. Obenan saß der Bräutigam, die Königstochter zur einen Seite und die Kammerjungfer zur andern, aber die Kammerjungfer war verblendet und erkannte jene nicht mehr in dem glänzenden Schmuck.

Als sie nun gegessen und getrunken hatten und guten Muts waren, gab der alte König der Kammerfrau ein Rätsel auf. Was eine solche wert wäre, die den Herrn so und so betrogen hätte, erzählte damit den ganzen Verlauf und fragte: »Welches Urteil ist ihr würdig?«

Da sprach die falsche Braut: »Die ist nichts besseres wert, als splitternackt ausgezogen in ein Faß, inwendig mit spitzen Nägeln beschlagen, geworfen zu werden. Und zwei weiße Pferde müssen davorgespannt werden, die sie Gaß auf, Gaß ab zu Tode schleifen!«

»Das bist du«, sprach der alte König, »und dein eigen Urteil hast du gefunden. Und darnach soll dir widerfahren«, welches auch vollzogen wurde. Der junge König vermählte sich aber mit seiner rechten Gemahlin, und beide regierten ihr Reich in Frieden und Seligkeit.